AF243413

CHARLES X.

PARIS. — IMPRIMERIE DE DEZAUCHE,
Faubourg Montmartre, n° 11.

CHARLES X,

Esquisse historique,

Par ALISSAN DE CHAZET.

ÉDITION POPULAIRE A 50 CENTIMES.

PARIS.

CHEZ LEDENTU, LIBRAIRE,

PALAIS-ROYAL.

1837.

CHARLES X.

ESQUISSE HISTORIQUE.

Charles-Philippe de France, comte d'Artois, naquit à Versailles le 9 octobre 1757; c'était le quatrième fils du grand-dauphin, de ce prince qui promettait un si bon roi. Dès son enfance, il annonça les deux qualités distinctives qu'il a toujours eues, la franchise et la bonté; son esprit naturel et sa vivacité égayaient un peu la vieillesse de son aïeul; il était pour Louis XV ce que le duc de Bordeaux a depuis été pour lui. Il laissa voir de très-bonne heure l'intérêt qu'il portait aux malheureux. On discutait un jour devant lui sur la nécessité d'adoucir le sort des prisonniers. Un courtisan ayant dit qu'il ne voyait pas grand mal à ce que des coupables fussent traités sévèrement, le comte d'Artois dit avec chaleur: «Mais, monsieur, avant le jugement il n'y a pas de coupables, il n'y en a qu'après l'arrêt. »

Il n'avait pas quinze ans quand il fit cette réponse.

Deux ans après (en 1773) il épousa Marie-Thérèse de Savoie, sœur de la comtesse de Provence. Ces deux princesses, jeunes comme Marie-Antoinette, se lièrent avec elle de la plus étroite amitié.

Quoique Charles - Philippe n'eût pas des connaissances spéciales aussi étendues et une mémoire aussi ornée que son frère, il aimait et protégeait les lettres. C'est à lui que l'abbé Delille, reçu académicien pour sa traduction des *Géorgiques*, dut l'abbaye de

Saint-Séverin en Poitou, qui lui procura une grande aisance ; ce bienfait ne rencontra pas un ingrat, car vingt ans plus tard, lorsque le prince était malheureux, le poëte lui adressait ces vers charmants :

Au milieu de l'exil et de l'adversité,
Toujours tu fus présent à ma fidélité.
Ainsi l'adorateur du grand astre du monde,
Quand le ciel s'obscurcit, quand la tempête
[gronde,
Par la pensée encore accompagne son cours,
Le suit sous son nuage et l'adore toujours.

En 1777, M. le comte d'Artois visita le Midi et dit aux Bordelais : *Messieurs, cette année je suis venu pour moi, l'année pro-*

chaine je viendrai pour vous. »

Les détails connus de son duel avec le duc de Bourbon prouvent que ces deux princes furent d'une valeur chevaleresque, et qu'ils se battirent, l'un comme un petit-fils de Condé, l'autre comme un petit-fils de Henri IV. Les deux adversaires, réconciliés, se rendirent ensemble au siége de Gibraltar, et ils y déployèrent une bravoure qui allait jusqu'à la témérité. Le duc de Crillon ayant voulu empêcher le frère du roi de s'exposer, celui-ci lui dit : « Eh! monsieur, « autant vaudrait que je fusse à

« Paris, si je restais sous ma ten-
« te! Ne dois-je pas encourager
« ces braves gens par ma pré-
« sence! »

En 1788, à l'assemblée des
notables, il se montra zélé dé-
fenseur des droits de la couron-
ne. M. de Lafayette, qui était
dans son bureau, manifesta dès
lors ces doctrines d'indépendan-
ce qu'il rapportait d'Amérique;
il se mit en opposition avec le
comte d'Artois. Par un rappro-
chement curieux, qui n'échap-
pera pas aux historiens, on les
trouvera tous les deux, à la fin
de leur carrière, fidèles aux prin-

cipes de leur jeunesse, l'un partisan, et l'autre ennemi des insurrections.

Lorsque les états-généraux furent convoqués, Louis XVI et son frère, le comte de Provence, consentirent à la double représentation du tiers, et par conséquent firent la révolution. M. le comte d'Artois, qui vit dans cette mesure le germe de tous les malheurs, ne voulut pas y souscrire; son frère lui ayant défendu de siéger avec la noblesse, il fit connaître à l'assemblée les ordres du roi par une lettre où l'on remarquait le passage suivant ;

« Je donne à la chambre la ferme et complète assurance que le sang de mon aïeul Henri IV a été transmis à mon cœur dans toute sa pureté, et que tant qu'il m'en restera une goutte dans les veines, je saurai prouver à l'univers entier que je suis digne d'être né gentilhomme français (1). »

La révolution éclate, les massacres commencent, sa tête est mise à prix; il part, l'indiscipline était partout, il transporte le

(1) Tous ces documents sont officiels et ont été puisés dans les procès-verbaux des séances de l'assemblée soi-disant constituante.

drapeau français sur les bords du Rhin.

Après avoir passé quelque temps à Coblentz, reçu et enrégimenté tous les émigrés qui venaient se ranger sous sa bannière, il fit cette inexplicable campagne de France où les vainqueurs reculèrent devant les vaincus, et qui recommença tout au lieu de tout terminer.

Pendant qu'il cherchait les moyens de mettre un terme aux malheurs de la France, deux rois étaient morts, l'un sur l'échafaud, et l'autre dans les cachots de la convention ; la reine et Madame

Elisabeth avaient également péri. N'ayant pu les secourir, il voulut au moins les venger. En 1795, MONSIEUR se rendit à l'Ile-Dieu pour débarquer dans la Vendée : Charette l'attendait. Il y avait de grandes chances de succès ; mais l'Angleterre s'opposa, sinon directement, du moins par des lenteurs carthaginoises, à l'exécution de si nobles desseins. Le motif de ces délais perfides était facile à saisir : si un prince français se fût présenté pour commander l'armée royale, la révolution eût été trop tôt finie.

C'était pour son cœur une peine cruelle que de voir souffrir les malheureux émigrés ; il envoya au maréchal de Broglie ses médailles et ses diamants pour que le produit de la vente fût partagé entre eux ; ce tribut était accompagné de la lettre la plus affectueuse.

Il vivait à Londres entouré de quelques Français dévoués que son caractère loyal et franc avait attachés à sa personne par des nœuds indissolubles. C'était l'homme qu'ils chérissaient en lui, l'homme aimable et sincère, vif quelquefois, mais toujours bon. Je n'oublierai jamais une anecdote qui montre à découvert le cœur de cet excellent prince. Il s'était élevé entre M. de Vaudreuil et lui une altercation assez forte, et les paroles trop vives de Monsieur avaient forcé le noble comte de se retirer. M. de Vaudreuil consigna ses plaintes dans une lettre énergique : «Vous n'auriez pas dû, disait-il, traiter aussi durement un serviteur fidèle qui a pour vous une amitié de trente ans, qui depuis trente ans ne cesse de vous donner des preuves du plus pur dévoûment, etc. » La lettre achevée, M. de Vaudreuil sonne

pour qu'on la porte ; deux mi-
nutes après, déjà fâché d'avoir
écrit, il sonne encore pour de-
mander si le messager est là ; on
lui répond qu'il est parti ; alors
il s'agite, il s'inquiète, il se demande quelle sera la réponse, il
craint qu'elle n'amène une ruptu-
re qu'il s'accuserait toute sa vie
d'avoir provoquée. Une demi-heu-
re s'écoule, son valet de chambre
revient et lui remet le billet du
prince ; il le prend d'une main
mal assurée, et le pose sur la
cheminée ; il n'ose le décacheter,
il tremble que Monsieur n'ait ré-
pondu à ses reproches un peu

vifs, des choses désobligeantes ; enfin, il se décide à l'ouvrir, et il y trouve ces deux lignes :

« Tais-toi, vieux fou, avec tes « trente ans d'amitié ; il y aura « demain trente-quatre ans que « je te connais et que je t'aime.»

M. de Vaudreuil, vingt ans après, pleurait en racontant cette anecdote ; je le conçois, car je pleure en l'écrivant. Je ne connais rien de plus touchant, de plus noble, de plus aimable que cette lettre si laconique ; il semble qu'on lise un billet de Henri IV à Crillon.

La mort du duc d'Enghien,

celle de Georges Cadoudal et de
ses braves compagnons, les dan-
gers qu'avaient courus le duc de
Rivière, ce Blondel de la royauté
bourbonienne, et MM. de Po-
lignac, furent pour MONSIEUR de
vifs sujets de chagrin; il les of-
frit en sacrifice à Dieu, car, dès
cette époque, il était animé de
la piété la plus sincère et la plus
vive. Le moment arriva enfin où
il crut pouvoir rentrer en France,
avec l'espoir d'y faire reconnaî-
tre ses droits; il partit de Londres au mois de décembre 1813,
et se rendit à Bâle. Les détails
si intéressants de son retour en

France sont tout-à-fait ignorés ; c'est un bonheur pour moi de pouvoir les rapporter ici.

Le 19 février 1814, le comte de Bellisle, ancien lieutenant-colonel du régiment de Hohenlohe, arriva à Vesoul et pria un des royalistes les plus ardents de la Haute-Saône, M. le marquis de Saint-Maury-Châtenois, son ancien camarade de l'armée de Condé, de lui indiquer un homme d'une fidélité à toute épreuve, capable d'aller porter à S. A. R. à Bâle des renseignements sur l'état du département ; celui-ci proposa son frère, le chevalier

Gabriel de Saint-Maury. Ce dernier se mit en route le surlendemain 21 février, mais ayant rencontré à peu de distance de la ville un courrier du prince qui lui dit que S. A. R. arrivait, il rebroussa chemin pour avertir les royalistes.

Ce fut le 22 février que Monsieur se présenta aux portes de Vesoul ; il se passa alors un fait qu'il importe de raconter, parce qu'il démontre jusqu'à l'évidence l'absurdité d'une accusation sans fondement. On a dit, redit, et l'on répète encore tous les jours que *les Bourbons ont été ramenés par l'étranger* ; eh bien ! il faut que la France sache que le général-major autrichien Hirch se rendit en personne à la voiture du prince, lui *demanda ses passeports*, et lui annonça *qu'il ne pourrait le laisser passer sans des ordres précis des puissances coalisées.* Alors Monsieur prit le parti d'entrer à Vesoul à pied, accompagné du comte d'Escars, du comte de Wall, du comte Alexis de Noailles, du marquis de Saint-Maury-Châtenois, du chevalier Gabriel de Saint-Maury, et de quelques autres fidèles; le cortége se grossit beaucoup pendant que le prince traversait la ville, et lorsqu'il se mit à la fenêtre de l'auberge de la Madeleine, où l'on avait marqué son logement, des cris nombreux de *vive le roi!* se firent entendre. Le général russe ayant appris ce qu'avait fait le général autrichien, crut devoir agir dans un sens contraire, et proposa une garde d'honneur à Monsieur qui la refusa en disant *qu'il était en France, et que dans ce pays la meilleure garde était l'amour des Français.* Cependant des avis parvenus dans les différents points du département avaient attiré à Vesoul un grand nombre de royalistes, dont plusieurs faisaient partie de l'antique association des chevaliers de Saint-Georges, tels que le marquis de Sorans, le marquis de Grammont, le marquis de Faletans, le comte de Jouffroy et quelques autres; il se mirent tous à la disposition du prince; ils espéraient bien qu'il se rendrait droit à Paris. C'était d'abord son projet, mais ses plans changèrent, et après être resté vingt-trois jours à Vesoul, MONSIEUR partit pour Nancy, le 17 mars (Mgr le duc d'Angoulême était à Bordeaux depuis le 12). Plusieurs habitants du département se distinguèrent par des traits de courage qui n'ont été cités nulle part, et qui méritent la récompense de la publicité. M. Levain, maire de Fougerolles, rassembla un corps nombreux de montagnards, ses administrés, et les amena sur le passage du prince qui fut touché jusqu'aux larmes de cette marque de dévoûment (1).

(1) On a dit souvent que les rois étaient d'illustres ingrats ; ce n'est pas à Charles X qu'on pourra faire un pareil reproche. Au mois d'octobre 1814 il revint à Vesoul et dit aux habitants :

A Plombières, M. de Noailles et M. de Custines, qui précédaient le prince, annoncèrent son arrivée

« Messieurs de Vesoul, vous m'avez
« porté bonheur, cela ne s'oublie pas ;
« j'ai raconté à mon frère toutes les
« preuves d'amour et de fidélité que m'a
« données sa *bonne ville*, et je vous an-
« nonce avec plaisir que S. M. vous au-
« torise à en prendre le titre. »

Tous ceux qui secondèrent les projets de restauration furent les objets constants des bontés de Monsieur. M. le marquis de Saint-Maury-Châtenois, qui par sa position personnelle n'avait nul besoin de places, fut nommé pair de France, président du collége électoral, etc. ; son frère obtint le grade de colonel chef d'éau maire, M. Jaquotel, qui, regardant sa femme et ses enfants d'un air grave et presque solennel, répondit : « Je sais à quoi je « m'expose si les affaires tournent « mal, mais je n'écoute que mon « cœur : *vive le roi !* »

M. Maffioli, curé de la cathédral-major ; ses petits-fils et ses neveux furent pourvus d'emplois honorables. M. de Mique, qui eut l'honneur de recevoir Monsieur, à Nancy, avec un empressement si dévoué, fut nommé préfet de la Meurthe ; enfin, le prince, reconnaissant, n'oublia jamais les royalistes de ce pays, où son *heur prit commencement*, comme disait le bon Henri.

drale, reçut Monsieur sous le dais
à la porte de l'église, et lui dit :
« *Béni soit celui qui vient au
nom du Seigneur !* »

De Plombières le prince se
rendit à Charmes, petite ville
voisine d'Épinal. M. de Mique ,
avocat consultant à Nancy, sa-
chant que S. A. R. désirait venir
dans cette dernière ville, demanda aux autorités russes s'il
pourrait s'installer à l'hôtel de la
préfecture ou à l'Évêché. Elles
s'y opposèrent formellement, et
déclarèrent même que l'on ne
pourrait donner à Monsieur *au-
cun bâtiment public.* Ainsi, c'est

un fait acquis à l'histoire que *ces étrangers, qui ramenèrent les Bourbons*, refusèrent un asile au premier prince du sang.

M. de Mique informa MONSIEUR de ces difficultés, en l'engageant à ne pas aller plus loin, lui offrant toutefois, s'il persistait, un appartement chez lui. Le prince accepta, et entra à Nancy, le 19 mars, presque seul, sans cocarde, et sans décoration. L'enthousiasme du peuple qui s'entassait, pour le voir, dans le faubourg de Bon-Secours, trahit seul son incognito ; les troupes d'occupation restaient neutres au milieu de l'allégresse générale (1).

Cependant les événements se pressaient. Le 8 avril, Monsieur quitta, lieutenant-général du royaume, cette ville où il était arrivé simple particulier. Il fut reconduit, comme il avait été reçu, aux acclamations délirantes de la multitude, et, quelques jours après, il fit son entrée solennelle dans la capitale. Celui qui a dit que les Français avaient revu *les Bourbons avec répu-*

(1) Quelques-uns de ces détails m'ont été communiqués par le rédacteur de l'un des meilleurs journaux royalistes, la *Gazette de Metz.*

gnance n'était pas à Paris le 12 avril 1814. Jamais peuple n'a été plus unanime dans sa joie : ce n'est pas une exagération de dire que la ville entière était dans les rues, aux fenêtres ou sur les toits ; un soleil radieux éclairait cette magnifique journée. On ne pouvait se lasser d'admirer ce visage d'heureux augure, ces manières nobles et franches. Le prince, à cheval, répondait aux démonstrations de la foule empressée, par les signes les plus affectueux ; il agitait en l'air son chapeau surmonté d'un panache blanc, et criait *vive la France !* pendant que les Parisiens criaient *vive le roi!* Les mots les plus heureux s'échappaient de sa bouche pour arriver à nos cœurs. Je ne répèterai pas ceux que tout le monde sait ; il en est un pourtant , le plus connu de tous, sur lequel je veux m'arrêter un moment. Après la révolution de juillet , des libellistes ont voulu disputer à Charles X ce mot si touchant, si fin , si national ; je vais donc préciser le moment où il fut prononcé. Le prince arrivait à Bondy lorsqu'il rencontra M. de Talleyrand , président du gouvernement provisoire , qui lui adressa

cette courte harangue : « Mon-
« seigneur, le bonheur que nous
« éprouvons en ce jour de régé-
« nération est au-delà de toute
« expression, si Monsieur re-
« çoit, avec cette bonté céleste
« qui caractérise son auguste
« maison, l'hommage de notre
« religieux attendrissement et
« de notre dévoûment respec-
« tueux. »

S. A. R. répondit : « Messieurs
« les membres du gouvernement
« provisoire, je vous remercie de
« ce que vous avez fait pour notre
« patrie ; j'éprouve une émotion
« qui m'empêche d'exprimer tout

« ce que je ressens. Plus de divi-
« sion... la paix et la France...
« Je la revois enfin ; rien n'y est
« changé, il n'y a qu'un Français
« de plus. »

On n'avait pas besoin de faire
des mots à Charles X ; son esprit
ne cherchait rien, et son cœur
trouvait tout. Nommé par le roi
colonel-général de la garde nationale, il était identifié avec
elle ; c'était son protecteur, son
ami, son père. Aussi fut-il aussi
affligé qu'elle, lorsqu'on lui ôta
ce commandement : c'était vers
l'époque de sa fête, en 1818..
Nous nous étions rendus, comme

de coutume, au pavillon Marsan
pour lui offrir nos vœux ; j'avais
l'habitude de servir d'interprète
à mes camarades. Le prince avec
un sourire mélancolique se pen-
cha vers moi, et me dit à demi-
voix : « Nous ne dirons rien cette
« année, nous sommes trop tris-
« tes. » Puis, s'adressant à tous
les officiers avec une vigueur d'accent qu'il avait dans les grandes
occasions : « Messieurs, s'il sur-
« venait quelque danger, je se-
« rais toujours à votre tête ; c'est
« un droit qu'on ne m'enlèvera
« jamais. »

On a beaucoup reproché à

Charles X sa trop grande piété, son intolérance... Son intolérance!.. Il faut que je me hâte de citer un fait qui me revient à la mémoire, et qui prouvera la fausseté de cette allégation. Quelques jours après la rentrée de Louis XVIII, les marchands du Temple se présentèrent chez MONSIEUR. Ils demandèrent la permission d'ouvrir leurs boutiques *les dimanches et les fêtes*, seuls jours où ils pussent vendre aux habitants des campagnes. MONSIEUR rédigea lui-même une note qu'il présenta au roi, et la permission fut donnée. Existe-t-il,

je le demande, chez un prince profondément religieux, un exemple
d'une tolérance plus charitable et
plus bienfaisante?

Combien de traits je pourrais
citer de sa générosité royale, de
sa sollicitude constante pour les
intérêts du commerce! Mais il
faudrait un volume, j'ai à peine
quelques pages, et d'ailleurs je
ne veux parler que de ce qu'on
ne sait pas.

La mort cruelle du duc de
Berry plongea son malheureux
père dans la consternation; son
premier sourire fut pour l'enfant
de l'Europe et pour cette veuve

auguste dont le courage sublime assura l'avenir de la France.

Je ne parlerai pas des efforts que fit la malveillance pour aigrir le roi contre MONSIEUR; si elle y parvint quelquefois, c'est que Louis XVIII fut abusé par de faux rapports, car son frère ne cessa jamais d'être pour lui le plus fidèle des sujets.

J'arrive au moment où il monta sur le trône; c'est à l'avénement d'un roi qu'on peut juger de son règne : ses paroles sont des actes, et ses discours des serments. Le ministère, présidé par M. de Villèle, avait jugé utile

d'établir la censure des journaux pendant la maladie de
Louis XVIII ; à peine ce monar-
que eut-il fermé les yeux, que
Charles X dégagea les feuilles
périodiques de toute entrave.
M. Laîné, qui a donné plus d'une
fois des preuves de son amour
pour les libertés publiques, m'a
raconté à ce sujet une anecdote
qui mérite d'être rapportée. É-
tant allé à Saint-Cloud, quelques jours après la mort de
Louis XVIII, Charles X le prit à
part et lui dit : « Eh bien ! Laîné,
« j'ai cru devoir supprimer la
« censure des journaux. » Celui-

ci, sans s'expliquer sur la mesure en elle-même, s'inclina profondément, et répondit : « Sire, vous n'en aviez pas l'odieux. » C'était s'expliquer assez clairement. Ainsi, Charles X fit pour la liberté de la presse plus que M. Laîné ne lui aurait conseillé de faire.

Les commencements de son règne furent heureux ; on montrait en sa présence un enthousiasme factice, et l'on conspirait secrètement. Ce prince judicieux ne se laissait pas abuser par ces témoignages bruyants, par ces cris trompeurs ; il pensait au malheureux Louis XVI, et se disait.

« On faisait aussi à mon frère des
« protestations de dévoûment,
« et on l'a renversé de son trône!»

Avant de partir pour les fêtes
du sacre, le roi se rendit à l'Hôtel-
de-Ville de Paris; je l'entends encore prononcer dans la salle de
Henri IV ces mémorables paroles : « Français, né Français, de
« famille toute française, quel
« autre vœu puis-je former que
« celui de la gloire et de la pros-
« périté de la France? »

Ces mots, fortement accentués
par un petit-fils de Louis XIV,
vibraient dans nos âmes, et nous
arrachaient des larmes.

Un des principaux événements de son règne fut la dissolution de la garde nationale. Cette grande mesure a été généralement désapprouvée; quant à moi, je ne saurais la blâmer. L'outrage au souverain avait été public et flagrant, il ne pouvait pas le souffrir en silence; un roi qui se laisse insulter est bientôt détrôné : il était donc utile et convenable de dissoudre la garde nationale; mais il fallait, à mon avis, la rétablir quelques mois après; si elle eût existé à l'époque des ordonnances, la révolution de juillet n'aurait pas eu lieu.

Les ennemis du trône, ceux qui n'ont pas rougi de se nommer eux-mêmes les comédiens de quinze ans, la voulaient, cette révolution; factieux par égoïsme, ils espéraient gagner quelque chose à un bouleversement. Bientôt leurs vœux furent comblés; le roi, que la chambre avait poussé à bout par un refus prémédité de concours, rendit les fameuses ordonnances : ce fut un signal de perturbation. Ici s'élèvent deux questions graves : Charles X voulait-il réellement le maintien de la Charte? Celle-là a été résolue par un ministre, homme de bien qui a été long-temps dans les conseils du roi (1). Ce prince lui a dit plusieurs fois : « Je tiens à la Charte, et j'y tiens fortement, d'abord, parce que je l'ai promise, ensuite, parce qu'il me serait impossible de rien mettre à la place. »

J'ai à donner de ses intentions une autre preuve irrécusable. Charles X, sous le ministère Martignac, a dit à un homme qu'on n'accusera pas d'aimer la branche aînée, M. Delaborde, en propres paroles : « *Quand nous sommes*

(1) M. le duc de Doudeauville, *Gazette de France* du 23 novembre 1836.

« *revenus, nous avions trois par-*
« *tis à prendre, ou de rétablir*
« *l'ancien régime, ce qui n'était*
« *pas possible, ou de gouverner*
« *comme Napoléon, pour cela il*
« *fallait être lui, ou enfin de don-*
« *ner une Charte. C'est ce que le roi*
« *a fait ; j'ai promis de la main-*
« *tenir, et je la maintiendrai.* »

La seconde question est celle-ci : le roi avait-il le droit de rendre les ordonnances? Cette question n'en est pas une; l'art. 14 était formel; en plusieurs occasions Louis XVIII y avait eu recours, dans des situations bien moins graves que celle de 1830.

Charles X a donc pu suivre l'exemple du roi législateur, et ceux qui lui en contestaient le droit étaient les mêmes que ceux qui voulaient renverser sa dynastie.

« Nous voici arrivés en juillet 1830, juillet, mois à deux faces, dont le commencement fut pour le bonheur et la gloire, et la fin pour le deuil et les larmes. Ne nous arrêtons pas sur cette cruelle époque où Charles X, trompé par de faux rapports, et craignant pour son peuple l'effusion du sang, crut devoir abdiquer un pouvoir que sa garde fidèle était prête à faire respecter:

Décidé à partir, il manquait de tout ; le roi de France fut obligé de mettre son argenterie en gage ; on lui proposa un million, affecté au paiement des pensions ; il le refusa : « Conservez cet argent, dit-il, et payez avec exactitude. »

Retiré en Écosse, ce nouveau Stuart, qui s'était banni lui-même, excita toutes les sympathies des habitants d'Édimbourg. La noble simplicité de ses manières, sa bienfaisance inépuisable, lui gagnaient tous les cœurs. Pendant l'invasion de ce terrible

fléau qui devait lui être si fatal,
son médecin donnait des consul-
tations gratuites, et il voulut
qu'on y joignît des médicaments
pour les pauvres ; aussi, quand
il quitta l'Écosse, les magistrats,
qui avaient été les distributeurs
de ses bienfaits au conseil sani-
taire et à la maison de refuge,
lui présentèrent une adresse qui
exprimait les vœux, les regrets
et la reconnaissance du pays. Le
jour de l'embarquement à Leith,
une foule immense se porta sur
la jetée ; toutes les dames por-
taient, comme preuve d'affec-
tion, des écharpes blanches, et

agitaient en l'air des rubans blancs comme signes d'un respectueux adieu ; des *vivat* universels étaient jetés dans les airs ; chacun se pressait pour le voir, et montait jusque sur sa voiture ; des milliers de mains étaient étendues vers lui ; le roi en saisissait autànt qu'il pouvait ; il saluait de tous côtés, et disait : « Adieu, mes bons amis, *farewell.* »

Quand on arriva dans la chambre du vaisseau, ce fut une scène impossible à peindre ; tout le monde pleurait, et les augustes voyageurs donnaient l'exemple, et embrassaient leurs amis *à la française*. Pendant quatre ans de séjour à Prague, toute la Bohême conçut pour le prince exilé et pour sa royale famille la même vénération et le même amour. Une délicatesse portée à l'excès ne permit pas au vieux roi d'y rester plus long-temps, et ce fut une vraie douleur pour tous les Français fidèles d'apprendre qu'à son âge il allait encore affronter la vie aventureuse des voyages. Il jouit de quelques moments de repos dans le château de Kirchberg, qu'un de ses plus zélés serviteurs avait acheté exprès pour le recevoir; mais bientôt il fallut partir pour l'Illyrie.

Madame la Dauphine, qui s'était rendue la première à Goritz, convaincue qu'on ne pouvait pas y faire une installation commode et qui fût agréable au roi, se proposait de retourner à Lentz, où elle l'avait laissé, et elle espérait l'empêcher de se mettre en route, lorsqu'elle apprit que Charles X était arrivé. A peine eut-il visité les appartements qui lui étaient destinés, qu'il dit aux personnes de son service : « Je serai mal ici, je serai bien mal...»

Ce qui lui déplaisait le plus, c'est qu'il était séparé de ses enfants, et qu'il fallait faire une demi-lieue pour gagner leur habitation. Le roi, du reste, était bien portant : il faisait tous les jours de longues promenades. Le 1ᵉʳ novembre, il sentit une légère indisposition ; le lendemain, jour des Morts, M. de Blacas entra chez lui et lui dit :

« Sire, est-ce que votre majesté
« compte sortir ? il fait bien
« froid. — C'est vrai ; mais c'est
« fête aujourd'hui : voyons, la
« voiture est-elle prête ? — Oui,
« sire. — Eh bien ! qu'on la

« fasse avancer ; si j'ai froid je
« reviendrai. » A son retour, il
ne se sentait pas plus indisposé,
déjeûna comme à son ordinaire,
et personne ne fut inquiet. Le
lendemain, 3 novembre, pendant qu'il était à la promenade,
il apprit que M. de Clermont-
Tonnerre, ministre de la guerre
sous la restauration, était arrivé
à Goritz, et chargea M. de Blacas de le prévenir qu'il serait
charmé de le voir. M. de Tonnerre se rendit sur-le-champ aux
ordres du roi, et il fallait que
son indisposition fût bien légère,
puisque le noble voyageur, qui

n'avait pas vu Charles X depuis sept ans, fut frappé de son parfait état de santé, et fit l'observation que jamais il ne l'avait vu aussi bien; il le trouva rajeuni. Le roi reçut son ancien ministre avec beaucoup de bienveillance, causa avec lui quelques instants, l'invita à dîner pour le lendemain, et lui donna aussi pour le lendemain rendez-vous à une heure précise. En arrivant, M. de Tonnerre apprit que le roi avait été souffrant le matin, mais il ne remarqua aucune altération dans sa figure. Ce prince presque octogénaire, qui n'avait plus que

trente-six heures à vivre, causa
pendant une heure et demie sans
éprouver la moindre fatigue.
Dans cette conversation, la dernière qu'il eut, Charles X éton-
na son interlocuteur par la luci-
dité soutenue de ses idées, la
justesse de ses vues et la proprié-
té de ses expressions. De quart
d'heure en quart d'heure, M. de
Tonnerre laissait tomber l'entre-
tien, exprès pour donner au roi
la facilité de le congédier s'il
avait besoin de repos, et toujours
il reprenait le fil de son discours
et adressait de nouvelles questions, qu'il accompagnait d'a-

perçus très-fins et de réflexions
très-justes. C'est dans cette en-
trevue, solennelle comme tout
moment suprême, que M. de
Tonnerre ayant fait le tableau
fidèle de la situation de la France, ajouta qu'il n'y avait rien de
pareil à l'existence d'un prince
forcé de toujours soupçonner, de
toujours craindre, et de traîner
ses jours entre les complots de
la veille et les poignards du lendemain. « Vous avez raison, ré-
« pondit le roi, c'est affreux ; je
« le plains de tout mon cœur... »
Puis, se redressant avec une dignité majestueuse, il ajouta :

« *Au moins, quand on n'a rien
« à se reprocher, qu'on a la con-
« science pure, on attend avec
« tranquillité les décrets de la
« Providence.* » Ce furent là, pour
ainsi dire, les dernières paroles
de Charles X ; ce fut en quelque
sorte son testament oral. Pendant le dîner, il resta dans sa
chambre ; quand on fut sorti de
table, il vint dans le salon re-
mercier les augustes convives des
vœux qu'on lui avait adressés
pour sa fête... Tout le monde fut
frappé moins encore de l'altération des traits du roi que du chan-
gement prodigieux de son orga-

ne : il avait quelque chose de sépulcral. La nuit fut très-mauvaise et Charles X reçut les derniers sacrements. Le lendemain à huit heures M. de Tonnerre accourut pour avoir des nouvelles, et le docteur Bougon, l'apercevant, lui dit : « Le roi a le choléra ; vou- « driez-vous avoir l'obligeance « de prévenir la famille royale?»

Quelques personnes étaient d'avis d'éloigner Henri de France de son grand-père, et cherchaient à faire adopter cette opinion à M. de Tonnerre, qui était loin de la partager, et qui donnait les motifs de sa résistance. Madame la Dauphine se trouvait en ce moment à l'autre extrémité de l'appartement. Elle remarqua qu'il s'élevait une discussion, et en demanda le sujet. « Madame, lui répondit M. de Tonnerre, le roi a le choléra, et ces messieurs pensent que M. le duc de Bor-deaux ne peut pas rester auprès de lui. J'avoue que je suis d'un avis contraire. — Vous avez rai-son, dit alors Madame la Dau-phine en saisissant fortement le bras de M. de Tonnerre, vous avez raison, LE DUC DE BORDEAUX NE DOIT RIEN CRAINDRE. » La fille de Louis XVI prononça ces paroles avec une énergie d'accent qui révélait toute son âme : on croyait entendre Marie-Thérèse. En disant ces mots, elle entra dans l'appartement de son neveu et de sa nièce, les prit par la main, et les conduisit au lit du roi mourant qui les embrassa tendrement et leur donna sa bénédiction, en étendant ses mains défaillantes sur leur tête. Bientôt après, M. le cardinal de Latil entra et demanda au roi s'il ne voudrait pas voir M. l'abbé Jocquart, son confesseur. Il fit un signe affirmatif. Ce digne prêtre parut aussitôt, et ne res-

ta que peu d'instants auprès du roi. Mgr l'évêque d'Hermopolis entra à son tour, et s'adressant à Charles X : «Votre majesté souf-
« fre beaucoup? lui dit-il. —
« Oh! oui, beaucoup. — Sire,
« pour adoucir vos souffrances,
« pensez à celles de Notre-Sei-
« gneur Jésus - Christ. — J'y
« pense.—Et, comme lui, vous
« pardonnez? — Oui, je par-
« donne de bon cœur à tous mes
« ennemis... à tous, » répéta-t-il d'une voix ranimée. Il y eut un peu de mieux dans la jour-née; la famille osa concevoir quelques espérances; mais le

docteur Bougon, avec la sagacité qui le caractérise, déclara que l'effet des remèdes avait ranimé un moment le malade, sans qu'il y eût aucune chance de guérison. Sa prédiction ne tarda pas à s'accomplir, et le 6 novembre, à deux heures du matin, Charles X cessa d'exister. Les forces me manquent pour peindre cette scène de deuil et de désolation. Le Dauphin, penché sur le corps de son père expirant, et remplissant le devoir pénible que lui impose l'amour filial ; cette princesse héroïque, fille, nièce, sœur et belle-sœur de cinq martyrs, laissant éclater ses sanglots à l'aspect de ce malheur imprévu qui lui rappelle tous les autres; deux prélats, dont la mission est de fortifier nos âmes contre les chagrins de la vie, ne pouvant maîtriser leur propre douleur; des serviteurs dévoués priant, agenouillés, pour celui qui déjà prie pour nous; tel était l'ensemble de ce tableau déchirant, au moment où rendit le dernier soupir, dans une maison de l'Illyrie autrichienne, celui qui fut naguère roi de France et de Navarre. Quel réveil pour le duc de Bordeaux et pour MADEMOISELLE!

« Quoi ! s'écriait Henri fondant
« en larmes, je ne le reverrai
« plus ! Si je n'avais pas espéré
« l'embrasser encore, je serais
« rentré chez lui ; rien ne m'en
« aurait empêché. — Mon grand-
« père était si excellent pour
« moi, disait Caroline éplorée !
« Jamais il ne me refusait rien !
« ceux qui n'avaient pas pu obte-
« nir quelque chose de lui ve-
« naient me trouver, je le de-
« mandais à ce bon roi, et je
« l'obtenais, moi !... »

Le jour des funérailles (11 novembre), le duc de Bordeaux
donna tout à la fois des preuves

d'une sensibilité réelle et d'une mesure parfaite... Le corps de Charles X avait été exposé dans une chapelle ardente, et comme il était placé un peu haut, un des porteurs laissa tomber la bière; il y eut un craquement, et l'on fut obligé de donner en présence de Mgr le Dauphin quelques coups de marteau pour rapprocher les planches. C'est alors que le jeune Henri, désolé de cet incident qui était une douleur de plus, dit à M. de Tonnerre : « Comme c'est cruel, surtout pour mon oncle! » — et il s'approcha de lui pour essayer en lui parlant de détourner son attention de ce tableau funèbre.

La cérémonie des funérailles eut lieu avec une pompe presque royale (1). Pendant toute la marche, de la maison mortuaire à la cathédrale et de la cathédrale au couvent des Franciscains, le duc de Bordeaux suivit les dépouilles mortelles, la tête haute, les yeux fixés sur le char funèbre; on lisait sur sa belle et noble figure l'affliction dont son âme était pénétrée; c'était un mélange de

(1) Voir dans la relation si intéressante de M. de Montbel tous les détails de cette cérémonie funèbre.

dignité modeste et de chagrin profond : c'était la douleur d'un homme. Près de lui étaient M. le duc de Blacas, portant le collier des ordres, M. le comte Ogerthy, écuyer-commandant, et M. le comte de Bouillé, aide-de-camp de Charles X, pair de France, et qui remplit aujourd'hui les fonctions de gouverneur du prince avec un zèle, un dévoûment et une probité loyale que la France apprécie. On voyait aussi figurer dans ce lugubre cortége MM. de Montbel et de Clermont-Tonnerre, ministres intègres d'un roi puissant, serviteurs dévoués d'un roi malheureux. Ils étaient là comme les représentants de la fidélité absente.

Aujourd'hui que ce prince si méconnu, si indignement calomnié, peut être jugé sans prévention, aujourd'hui que la postérité est commencée pour lui, résumons sa vie et répondons aux accusations dirigées contre lui. Je n'en connais que deux. Il était d'une trop grande piété. Qu'est-ce à dire? Faut-il qu'un roi soit impie? La religion de Charles X était la vraie; sévère pour lui-même, indulgent pour les autres, jamais il ne s'est inquiété de ce que faisaient les personnes de sa maison, et jamais le clergé n'a eu d'influence sur les actes de sa politique ni sur les décisions de son conseil. On a dit aussi qu'il aimait trop la chasse ; mais ce goût était une passion chez Henri IV, et on ne la lui a jamais reprochée. Pour Charles X, c'était plutôt un besoin d'exercice ; c'étaient des promenades un fusil à la main ; cette distraction, bien permise à un prince occupé de soins graves, ne l'a jamais détourné des travaux importants. Louis XVIII ne tenait qu'un conseil par semaine ; Charles X en tenait toujours deux. Il n'eut qu'une passion dominante, ce fut l'amour de la France; s'oubliant toujours pour les autres, le premier de ses plaisirs était de répandre le bonheur autour de lui. Le secret de ces mots si heureux qui lui échappaient souvent était dans la bonté de son âme : il disait bien parce qu'il sentait bien; il avait, si l'on peut ainsi parler, le cœur spirituel. Je ne repousse pas le reproche qu'on a osé lui adresser en juillet, d'avoir fait tirer sur le peuple, d'avoir été un second Charles IX; on ne saurait, dans un ouvrage sé-

rieux, répondre, à une accusation dérisoire. Charles X res-
semblait à Charles IX comme
Louis XII à Louis XI.

FIN.